प्रकाश का स्तंभ

काव्यात्मक परीकथा

बुर्ज खलीफा के उद्घाटन की 15वीं वर्षगांठ पर एक काव्यात्मक श्रद्धांजलि

Translated to Hindi from the English version of
Tower of Light

एना एस. गाद

Ukiyoto Publishing

सभी वैश्विक प्रकाशन अधिकार इसके पास हैं

Ukiyoto Publishing

2025 में प्रकाशित

सामग्री कॉपीराइट © एना एस. गाद

ISBN 9789370094635

सर्वाधिकार सुरक्षित।

प्रकाशक की पूर्व अनुमति के बिना इस प्रकाशन के किसी भी भाग को किसी भी रूप में, इलेक्ट्रॉनिक, यांत्रिक, फोटोकॉपी, रिकॉर्डिंग या अन्य किसी भी माध्यम से पुनरुत्पादित, प्रेषित या पुनर्प्राप्ति प्रणाली में संग्रहीत नहीं किया जा सकता है।

लेखक के नैतिक अधिकारों का दावा किया गया है।

यह एक काल्पनिक कृति है। नाम, पात्र, व्यवसाय, स्थान, घटनाएँ, स्थल और घटनाएं या तो लेखक की कल्पना की उपज हैं या काल्पनिक तरीके से प्रयुक्त की गई हैं। किसी भी वास्तविक व्यक्ति, जीवित या मृत, या वास्तविक घटनाओं से कोई भी समानता पूर्णतः संयोग मात्र है।

यह पुस्तक इस शर्त के अधीन बेची जा रही है कि इसे प्रकाशक की पूर्व अनुमति के बिना व्यापार या अन्य किसी भी प्रकार से उधार नहीं दिया जाएगा, पुनर्विक्रय नहीं किया जाएगा, किराये पर नहीं दिया जाएगा या अन्यथा प्रसारित नहीं किया जाएगा, सिवाय उस आवरण या बाइंडिंग के जिसमें यह प्रकाशित हुई है।

प्रस्तावना

एना एस. गैड द्वारा काव्यात्मक परीकथा

अरब की यात्रा कई यूरोपीय कवियों और लेखकों के लिए एक रचनात्मक यात्रा वृत्तांत रही है; डॉ. एना एस. गैड उन लोगों में से एक हैं, जिन्होंने बुर्ज खलीफा की 15वीं वर्षगांठ पर उसे एक आकर्षक श्रद्धांजलि देने के लिए एक काव्यात्मक परीकथा की रचना की, तथा इसकी विशाल उपस्थिति को मानव महत्वाकांक्षा और लचीलेपन के लिए एक जीवंत, सांस लेने वाले स्मारक में बदल दिया। गीतात्मक कविता और विचारोत्तेजक कल्पना के माध्यम से, गैड ने प्रतिष्ठित संरचना को सपनों के संरक्षक, प्राचीन रहस्यों के रक्षक और पृथ्वी और आकाश के बीच एक सेतु के रूप में फिर से कल्पना की है।

पौराणिक अर्थों से ओतप्रोत यह कविता मीनार की यात्रा का वर्णन करती है - रेगिस्तान की रेत की गहराई से स्वर्ग तक - तथा आशा की एक चमकदार किरण में इसके परिवर्तन को दर्शाती है।

और आश्चर्य.

प्रत्येक पंक्ति लालसा और तृप्ति की लय के साथ धड़कती है, जो बुर्ज खलीफा को न केवल वास्तुकला का चमत्कार बनाती है, बल्कि कालातीत आकांक्षा का प्रतीक भी बनाती है।

दंतकथाओं और स्वर्गीय फुसफुसाहटों की गूँज के साथ, टॉवर ऑफ़ लाइट पाठकों को ऊपर की ओर देखने, असीम सपने देखने और मानवता की महानता की अंतहीन खोज को प्रतिबिंबित करने वाली संरचना की उपस्थिति में सांत्वना खोजने के लिए आमंत्रित करता है। यह उन लोगों के लिए एक काव्यात्मक उत्कृष्ट कृति है जो वास्तुकला और भाषा दोनों में सुंदरता की तलाश करते हैं - प्रकाश, सपनों और अतीत और वर्तमान के बीच शाश्वत नृत्य के लिए एक स्तुति।

भविष्य

अशरफ़ अबुल-यज़ीद

बुर्ज खलीफा वह स्थान है जहाँ आकाश पृथ्वी से मिलता है, एक ऐसा स्थान
जहाँ सपने हकीकत को छूते हैं।

अनाम यात्री

यह कविता पुस्तक बुर्ज खलीफा की 15वीं वर्षगांठ को समर्पित है

अंतर्वस्तु

प्रकाश का टॉवर 1

बुर्ज खलीफा के बारे में 15

लेखक के बारे में 18

एना एस. गाद

प्रकाश का टॉवर

एक समय की बात है;
वहाँ एक टावर था:
जो खिल गया
एक मकड़ी लिली फूल से.
अंतहीन टीलों के नीचे, वह छिपा था,

समय और मौन द्वारा आकारित एक विशालकाय,

उसका दिल धीरे-धीरे धड़क रहा है,

सदियों की लय खो गई

सुखदायक शामल हवा.

सदियों से यह सपना देखा था,
आकाश के आलिंगन में,
सितारों का
ऐसा लग रहा था जैसे दूर से कोई लोरी गुनगुना रही हो।

एना एस. गाद

रेगिस्तान, विशाल और अज्ञात,
यह उसका पालना और घर था।

तभी आवाजें आईं-

नरम, लगातार,

एक अशांत समुद्र की कलकल की तरह।
मनुष्य, नाजुक और भयंकर,
अपने सपनों को रेत पर उकेर दिया।
उन्होंने आकाश को भेदने वाले एक स्तम्भ की बात की,
महत्वाकांक्षा का एक स्मारक,
उनकी अटूट आशा का एक सहारा।

कोलोसस में हलचल मच गई।
धरती कांप उठी जैसे ही उसका रूप लिया,
मांस का नहीं, बल्कि स्टील और कांच का,

प्रत्येक किरण लालसा की ऊष्मा से गढ़ी गई है,
प्रत्येक शीशा प्रकाश से चमक रहा है
संभावना.
यह धीरे-धीरे और जानबूझकर उठ गया,
इसकी चढ़ाई चौड़ी आँखों में प्रतिबिंबित होती है
नीचे दिए गए.
जो आकाश कभी दूर था, अब करीब आ गया है,

मानो इस नवागंतुक का स्वागत कर रहा हो,
यह प्राचीन भी है और नवीन भी।

एना एस. गाद

उन्होंने इसे बुर्ज खलीफा कहा।
लेकिन इसने खुद को कुछ और कहा-
एक गवाह, एक अभिभावक,
कहानियों का रक्षक

समय की हवाओं में अंकित।

अपने शिखर से.

बुर्ज ने क्षितिज को अंतहीन रूप से फैला हुआ देखा,

रेगिस्तान समुद्र में विलीन हो रहा है,

नीचे जीवन से स्पंदित शहर,

यह अपने सपनों का प्रमाण है।

जब पूछा गया कि आप क्या हैं, तो बुर्ज ने जवाब दिया:

"मैं सिर्फ पत्थर या स्टील नहीं हूँ,"

"मैं उन लोगों की प्रतिध्वनि हूँ जिन्होंने साहस किया,

यह उन लोगों की आवाज है जो विश्वास करते हैं।

मेरे माध्यम से

अतीत भविष्य से फुसफुसाता है,

और भविष्य निडर होकर वापस आता है।"

एना एस. गाद

और यद्यपि वह स्थिर खड़ा था,
इसका सार जीवित था,
उन हवाओं के साथ चलते हुए जिन्होंने इसे आकार दिया,
सपनों और कल्पनाओं के साथ सांस लेना
इससे उसकी आत्मा का जन्म हुआ।

प्रत्येक रात्रि,
टावर ने तारों को देखा,
लालसा में नहीं:
लेकिन रिश्तेदारी में.
जो कुछ था उसकी एक शांत मान्यता
बन जाना
धरती और आकाश के बीच एक सेतु,

वास्तविकता और स्वप्न के बीच.

और यह गाता है:

"मैं अकेले लोगों का साथी हूँ,
उनके विचारों का मूक गवाह।
मैं उनके एकांत को धीरे से सहलाता हूँ,
और मेरी चमक में, उन्हें सांत्वना मिलती है।

मैं उनका मार्ग रोशन करता हूँ, वादों से नहीं,
लेकिन मेरी उपस्थिति की निश्चितता के साथ,
और मेरी चमक में,
मैं एक मुस्कान, सोफी और अनचाहे जागृत,
आशा की एक किरण
यह सबसे ठंडी आत्मा को भी गर्म कर देता है।"

एना एस. गाद

एक रात, जब बुर्ज़ स्थिर खड़ा था,
नीचे की दुनिया को देखते हुए,
आसमान बदल गया,
कुछ प्राचीन बातों की फुसफुसाहट लेकर चलते हुए।
क्षितिज से
एक विशाल पुस्तक उतरी,
इसके पन्ने चमक रहे हैं
चाँदनी रात में रेशम की तरह।
यह सुन्दरता से तैरता था,
पुरानी कहानियों के जादुई कालीनों की तरह,
इसके शब्द प्रकाश से चमक रहे हैं
समय से भी पुराना.

हवाओं में कहानियों की खुशबू थी-
ज्ञान की, स्वप्नों की,
उन आवाजों की जो बहुत पहले गायब हो गई थीं।
और जैसे ही यह बुर्ज के सामने खुला,
पन्ने पलटे,
रहस्यों का खुलासा
सितारों की भाषा में लिखा गया.

एक पल के लिए, बुर्ज सिर्फ एक टावर नहीं है,
लेकिन अपने प्राचीन ज्ञान के रक्षक,
जो सपना देखा था उसके बीच एक पुल

और क्या हो सकता है.

एना एस. गाद

कभी-कभी:
बुर्ज अपने सपनों के इर्द-गिर्द घूमता है,
पवित्र गति में खोए एक दरवेश की तरह,

हवाओं की लय पर घूमते हुए
वह इसे धीरे से पालना।
कभी-कभी, यह बहुत दूर चला जाता है
नीचे के शोर से,
जीवन के कोलाहल से दूर
जल्दबाजी में जीया, क्षणभंगुर क्षणों का पीछा करते हुए
और अपने ही सपने देखता है—
विशाल, मौन, अंतहीन...

एक शाम, जब क्षितिज से सोना झलक रहा था,
दूर आसमान से एक कबूतर उतरा,
इसके पंख ज्ञान को धारण करते हैं
दूर-दूर की भूमियों से।
उसने फुसफुसाकर कहा,
गोधूलि के समान कोमल आवाज में:
"अरे, स्टील से बना लंबा विशालकाय,
तुम्हारा दिल नरम है, तुम्हारी आँखें चमक रही हैं।
आप पत्थर और कांच से कहीं अधिक हैं,
आप सहनशीलता के प्रतीक हैं,
दूर समुद्र में प्रकाश स्तंभ
इस शानदार अरब भूमि की.

आप सपने देखने वालों की उम्मीदें रखते हैं;,
और आपके द्वारा डाला गया प्रकाश हम सभी का मार्गदर्शन करता है।"

उस दिन से बुर्ज खलीफा बन गया

प्रकाश का टॉवर.

प्रकाश का स्तंभ

बुर्ज खलीफा के बारे में

दुनिया की सबसे ऊंची इमारत बुर्ज खलीफा, दुबई की महत्वाकांक्षा और नवाचार का एक प्रतिष्ठित प्रतीक है। यह परियोजना 2004 में एमार प्रॉपर्टीज़ द्वारा डाउनटाउन दुबई नामक एक बड़े विकास के हिस्से के रूप में शुरू की गई थी। स्किडमोर, ओविंग्स एंड मेरिल के एड्रियन स्मिथ द्वारा डिजाइन किया गया बुर्ज खलीफा 163 हूरों के साथ 828 मीटर (2,717 फीट) की चौंका देने वाली ऊंचाई पर स्थित है, जो इसे आधुनिक इंजीनियरिंग और वास्तुकला का चमत्कार बनाता है।

टावर का डिजाइन इस्लामी वास्तुकला से प्रेरित है, विशेष रूप से हाइमेनोकैलिस फूल से, जो इसके अद्वितीय Y-आकार के त्रिपक्षीय पदचिह्न को दर्शाता है। यह डिज़ाइन आसपास के शहर के दृश्यों को अधिकतम करता है और हवा के बल को न्यूनतम करता है, जो इस ऊंचाई वाली इमारत के लिए महत्वपूर्ण है।

इसका निर्माण कार्य जनवरी 2004 में शुरू हुआ तथा बाहरी कार्य अक्टूबर 2009 में पूरा हुआ। बुर्ज खलीफा का आधिकारिक उद्घाटन 4 जनवरी 2010 को एक भव्य समारोह में किया गया।

मूल रूप से "बुर्ज दुबई" नाम वाले इस टावर का नाम बदलकर "बुर्ज खलीफा" कर दिया गया, जो संयुक्त अरब अमीरात के तत्कालीन राष्ट्रपति शेख खलीफा बिन जायद अल नाहयान के सम्मान में था, जो दुबई के आर्थिक संकट के दौरान उनके वित्तीय सहयोग के लिए दिया गया था।

बुर्ज खलीफा एक मिश्रित उपयोग वाली गगनचुंबी इमारत है, जिसमें लक्जरी आवास, कॉर्पोरेट कार्यालय, अरमानी होटल और एट द टॉप अवलोकन डेक हैं। इसमें दुनिया का सबसे ऊंचा आउटडोर अवलोकन डेक और शानदार प्रकाश शो के लिए एक अद्वितीय एलईडी प्रकाश व्यवस्था भी है।

यह टावर दुबई के एक रेगिस्तानी शहर से एक अग्रणी महानगरीय शहर में परिवर्तन का वैश्विक प्रतीक है, जो प्रतिवर्ष लाखों पर्यटकों को आकर्षित करता है।

स्रोत: विकिपीडिया, ब्रिटानिका, आर्किटेक्चरल डाइजेस्ट, गगनचुम्बी इमारत संग्रहालय, यात्रा करें)

एना एस. गाद

लेखक के बारे में

एना एस. गाद

एना एस. गैड दुबई स्थित अंतरराष्ट्रीय स्तर पर प्रशंसित लेखिका, विद्वान डॉ. एना स्टजेलजा का उपनाम है।

पत्रकार, संपादक और डिजिटल कलाकार।

उनका जन्म 1982 में बेलग्रेड (सर्बिया) में हुआ था। 2005 में उन्होंने तुर्की भाषा और साहित्य विभाग के दर्शनशास्त्र संकाय से स्नातक की उपाधि प्राप्त की।

2009 में उन्होंने सूफीवाद में मास्टर डिग्री हासिल की। 2012 में उन्होंने साहित्य में पीएचडी की उपाधि प्राप्त की (प्रथम सर्बियाई महिला लेखिकाओं और विश्व यात्रियों में से एक जेलेना जे.दिमित्रिजेविक के जीवन और कार्य पर थीसिस के साथ)।

एना एस. गाद

वह एक पुरस्कार विजेता कवि, लेखिका, अनुवादक, पत्रकार, स्वतंत्र वैज्ञानिक शोधकर्ता और संपादक हैं।

उन्होंने विभिन्न साहित्यिक विधाओं की 30 से अधिक पुस्तकें प्रकाशित कीं। वह साहित्य, नारीवाद और विविध संस्कृतियों (सांस्कृतिक विरासत) पर कई शोध पत्रों और निबंधों की लेखिका हैं। वह एक डिजिटल कोलाज कलाकार भी हैं।

उनकी डिजिटल कोलाज कलाकृतियों को दुनिया भर में कई आभासी प्रदर्शनियों में प्रदर्शित किया गया है, जिनमें हंगरी, वेनेजुएला, अमेरिका, मैक्सिको, पेरू (पेरू द्विवार्षिक), दुबई शामिल हैं। उनकी कई कलाकृतियाँ वर्तमान में दुबई के मर्क्योर डेरा होटल (पीटर ग्रेसमैन द्वारा क्यूरेट), मोरे कैफे, वन सेंट्रल दुबई में प्रंदर्शित हैं

(आर्टेज़ार ऑनलाइन आर्ट गैलरी और लीना केवलानी द्वारा क्यूरेटिड) और इंटरनेशनल स्टूडियो ऑफ आर्ट एंड गैलरीज (आईएसओएजी, रुक्सीना द्वारा क्यूरेटिड), सफा पार्क कॉम्प्लेक्स, अल सफा 1, दुबई।

इसके अतिरिक्त, उनकी ग्राफिक डिजाइन कौशल मुद्रित और ऑनलाइन पत्रिकाओं के साथ-साथ उनकी पुस्तकों और संकलनों में उनके काम के माध्यम से प्रदर्शित होती है। उनकी अधिकांश रचनात्मक कृतियाँ ऑनलाइन उपलब्ध हैं

डिजिटल प्लेटफॉर्म Issuu.

वह कई ऑनलाइन मीडिया की प्रधान संपादक हैं, जिनमें दुबई स्थित पत्रिका सैंड्स एंड सिटी मैगज़ीन भी शामिल है।

एक प्रशंसित और पुरस्कृत लेखिका के रूप में, उन्होंने विभिन्न सर्बियाई और अंतर्राष्ट्रीय प्रिंट और ऑनलाइन पत्रिकाओं, साहित्यिक ब्लॉगों और पोर्टलों में अपनी रचनाएँ प्रकाशित की हैं। एक सांस्कृतिक एवं परियोजना प्रबंधक के रूप में उन्होंने विभिन्न अंतर्राष्ट्रीय परियोजनाओं का संचालन किया जिनमें बड़ी संख्या में कलाकार और सांस्कृतिक पेशेवर शामिल थे।

2018 में उन्होंने सांस्कृतिक विविधता को बढ़ावा देने के लिए एसोसिएशन आलिया मुंडी की स्थापना की। वह एसोसिएशन ऑफ राइटर्स ऑफ सर्बिया, एसोसिएशन ऑफ जर्नलिस्ट्स ऑफ सर्बिया, इंटरनेशनल फेडरेशन ऑफ जर्नलिस्ट्स (आईएफजे), एसोसिएकाओ यूएमईए -एसोसिएकाओ दा उनियाओ मुंडियाल डी एस्क्रिटोरेस ई आर्टिस्टस और यूरोपियाना प्रो की सदस्य हैं।

2021 में, उन्होंने यूरोप और मध्य एशिया के लिए UN WOMEN (UN WOMEN ECA) द्वारा आयोजित रचनात्मक कार्यशाला अवेक नॉट स्लीपिंग - रीइमेजिनिंग फेयरी टेल्स फॉर ए न्यू जेनरेशन को सफलतापूर्वक पूरा किया और उनकी परीकथा "आयशा इन द ड्रीमलैंड" के साथ UN महिला ECA कहानी संग्रह में चित्रित की गईं।

2023 में उनकी परी कथा "द गर्ल विद ए गोल्डन पेन" (जो उपर्युक्त रचनात्मक कार्यशाला के दौरान बनाई गई थी) को "गोल्डन विजार्ड बुक पुरस्कार" से सम्मानित किया गया है।

मार्च 2023 में सर्बिया और विश्व बैंक के लिए वुमन स्क्रीम फेस्टिवल के कार्यक्रम समन्वयक के रूप में उन्होंने "वुमन स्क्रीम" शीर्षक से कविता और कला संकलन का संपादन और प्रकाशन किया।

जुलाई 2022 में, उन्होंने अमेरिकी येल विश्वविद्यालय में मनोविज्ञान पाठ्यक्रम का परिचय सफलतापूर्वक पूरा किया, जहाँ उनके व्याख्याता विश्वविद्यालय के प्रोफेसर और विश्व प्रसिद्ध (कनाडाई-अमेरिकी) मनोवैज्ञानिक पॉल ब्लूम थे। फिलहाल, वह ब्रिटिश काउंसिल और थॉमसन फाउंडेशन द्वारा समर्थित क्रिएटिव स्पॉटलाइट प्रोग्राम की मेंटर हैं।

दिसंबर 2024 में उन्होंने ह्यूमन विजन आर्ट प्रदर्शनी में महान अमीराती, नबाती कवयित्री ओशा से प्रेरित अपनी डिजिटल कोलाज कला के साथ भाग लिया और उस अवसर पर उन्हें दुबई के विकलांग लोगों के लिए ओमनीयत केंद्र द्वारा दो विजन (सर्बिया और यूएई) के सांस्कृतिक राजदूत के रूप में सम्मानित किया गया।

22   प्रकाश का स्तंभ

एना एस. गाद

प्रकाश का स्तंभ

एना एस. गाद 29

L

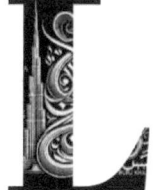

एना एस. गाद

एना एस. गाद

www.ingramcontent.com/pod-product-compliance
Lightning Source LLC
LaVergne TN
LVHW041558070526
838199LV00046B/2040